Dieses Buch gehört

____

Vierzehn Englein bei mir stehn

ENGELGEBETE

Mit Illustrationen von Susanne Schwandt

Butzon & Bercker

Ich bin AUFGEWACHT

Lieber Schutzengel,
ich bin erwacht
nach dunkler Nacht.
Du warst bei mir,
habe Dank dafür.

Du BIST HIER

Wo ich gehe, wo ich stehe,
bist du, lieber Engel, bei mir.
Wenn ich dich auch niemals sehe,
weiß ich dennoch: Du bist hier.

Wenn ich lache, wenn ich weine,
bist du, lieber Engel, bei mir.
Hab ich Angst und bin alleine,
weiß ich dennoch: Du bist hier.

Gib auf mich acht

Guter Engel, ich bitte dich,
behüte und bewahre mich.
Bei Tag und bei Nacht
gib, lieber Engel, auf mich acht.

Schütze unser Haus

Gott, schütze uns
und unser Haus
mit Macht und Güte
und sende deinen Engel aus,
damit er uns behüte.
Amen.

Behüte
GROSS UND KLEIN

Lieber Engel!
Behüte die Kinder auf der Welt!
Behüte die Tiere auf dem Feld!
Behüte sie alle, Groß und Klein,
und lass sie immer fröhlich sein.

Alle guten Gaben

Lieber Gott,
danke für alle guten Gaben,
danke für alles, was da wächst.
Danke für unser gutes Essen,
das uns immer schmeckt.

Hab Dank

Lieber Gott,
beschütze uns,
vor Hunger und vor Not.
Drum danken wir von Herzen dir
für jedes Stücklein Brot.

Zu Tisch

Für mich und für dich
ist der Tisch gedeckt.
Hab Dank, lieber Gott,
dass es uns gut schmeckt.

Alles wird WIEDER GUT

Heute gab es Zank und Streit.
Lieber Engel – es tut mir leid.
Gib uns zum Vertragen Mut,
dann wird alles wieder gut.
Amen.

Tag und Nacht

Wie ein Hirte Tag und Nacht
treu bei seinen Schafen wacht,
so bist du auch stets bei mir.
Lieber Engel, ich danke dir.
Amen.

Auf ALLEN WEGEN

Lieber Gott,
sei mit mir
auf allen Wegen.
Ich danke dir
für Schutz und Segen.
Lass mich nicht allein,
dein lieber Engel
soll bei mir sein.
Amen.

Schick mir DEINEN ENGEL

Lieber Gott,
schick mir heut den Engel dein,
immer soll er bei mir sein,
dass er mich tröstet und mit mir lacht,
dass er sorgsam über mich wacht.

Bring mich GUT NACH HAUS

Jeden Schritt und jeden Tritt
gehst du, lieber Engel, mit.
Geh du mit mir ein und aus,
bring mich immer gut nach Haus!

Gib MIR KRAFT

Lieber Engel, ich bitte dich.
begleite und beschütze mich.
Füll meinen Tag mit deinem Licht
und gib mir Kraft und Zuversicht.

Du hast mich lieb

Beschütze heut, ich bitte dich,
du, heiliger Engel Gottes, mich.
Du hast mich lieb, ich liebe dich,
so soll es bleiben ewiglich.

In meiner Nähe

Wo ich geh und wo ich steh,
sei du, mein Engel, in der Näh,
vor dem Bösen mich bewahr,
heiliger Engel, immerdar!
Amen.

Heiliger SCHUTZENGEL

Heiliger Schutzengel,
auf dich schaue ich.
Heiliger Schutzengel,
auf dich vertraue ich.
Heiliger Schutzengel,
dir gehöre ich.
Amen.

Schütze ALLE

Lieber Gott,
schütze alle, die mir lieb,
alles Böse mir vergib.
Kommt der liebe Sonnenschein,
so lass mich wieder fröhlich sein!

Steh MIR BEI

Lieber Schutzengel mein,
lass mich dir befohlen sein.
In allen Nöten steh mir bei
und halte mich von Bösem frei.
An diesem Tag, ich bitte dich,
beschütze und bewahre mich!

Eh der Tag ZU ENDE GEHT

Gott, eh der Tag zu Ende geht,
suchen wir dich im Gebet,
danken heut für alle Gaben,
die wir von dir empfangen haben,
bitten dich für diese Nacht,
dass dein Engel uns bewacht.

Vierzehn Englein
BEI MIR STEHN

Abends, wenn ich schlafen geh,
vierzehn Englein bei mir stehn,
zwei zu meiner Rechten,
zwei zu meiner Linken,
zwei zu meinem Kopfe,
zwei zu meinen Füßen,
zwei, die mich decken,
zwei, die mich wecken,
zwei, die mich führen
zu himmlischen Türen.

Schau mich an

Heiliger Engel, du bist hier,
bleib auch in der Nacht bei mir.
Hab mich lieb und schau mich an,
dass ich ruhig schlafen kann!

Sieben ENGEL

Schlaf ein, schlaf ein, schlaf feste!
Wir kriegen liebe Gäste.
Gott schickt dir sieben Engel fein,
behüten dich mit ihrem Schein.
Schlaf ein, schlaf ein, schlaf feste!

Halte MEINE HAND

Halte meine Hand,
damit ich heute Abend
gut einschlafe.
Halte meine Hand,
damit ich morgen früh
froh aufwache.
Halte meine Hand,
damit ich jeden Tag
ohne Angst leben kann.

Deck MICH ZU

Wenn überall das Licht angeht
und der Mond am Himmel steht,
dann deck mich, lieber Engel, zu
und schenk mir eine gute Ruh.
Amen.

Ein Engel KOMMT HEREIN

Schlaf, Kind, schlaf ein!
Ein Engel kommt herein.
Er hält bei dir Wacht
und bleibt die ganze Nacht.
Schlaf, Kind, schlaf ein!
Ein Engel kommt herein.

Illustrationen: Susanne Schwandt, außer: Cover, Vor- und Nachsatz, S. 2, 20, 34: Nicole Weidner (Sterne); S. 2: © dudiart – stock.adobe.com (Rahmen); S. 6, 28: © yoriko katayama – stock.adobe.com (Blumen); S. 8/9: © maverick_inanta – depositphotos.com (Wolken, Sterne); S. 8/9: © Kanokpol – stock.adobe.com (Bordüre); S. 9: © Khaneeros Kanokpol – stock.adobe.com (Mond); S. 14/15, 26/27: © harako – stock.adobe.com (Bordüre, Rahmen); S. 14/15, 16, 24, 30, 32: © izumikobayashi – stock.adobe.com (Schmetterlinge, Löwenzahn, Mond); S. 20/21: © Yulia337 – depositphotos.com (Luftballons, Wimpelkette); S. 30: © magicmary – stock.adobe.com (Sonne); S. 33: © Нина Новикова – stock.adobe.com (Sterne); S. 38/39: © Inna Sergiienko – stock.adobe.com (Sterne)

Bibliografische Information der Deutschen Nationalbibliothek

Die Deutsche Nationalbibliothek verzeichnet diese Publikation in der Deutschen Nationalbibliografie; detaillierte bibliografische Daten sind im Internet über http://dnb.d-nb.de abrufbar.

Das Gesamtprogramm von Butzon & Bercker finden Sie im Internet unter www.bube.de

ISBN 978-3-7666-2867-1

2. Auflage 2023

Umschlagillustration: Susanne Schwandt
Umschlaggestaltung, Layout und Satz: Werner Dennesen, Weeze